献给希望永远优雅迷人的女人

气 质

〔日〕加藤惠美子 / 著

王蕴洁　代芳芳 / 译

北京联合出版公司

Beijing United Publishing Co.,Ltd.

目 录 Contents

LESSON 3 行为 *Behavior*

LESSON 4 精神 *Spirit*

3

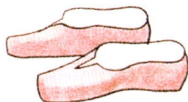

无论在谈论艺术作品，还是讨论人的容貌时，有气质的艺术作品、有气质的外貌都被视为一种高雅的美，让人刮目相看。高雅的风范称为气质，这种洗练和干净利落令人舒服自在，人格也更高贵。不光是人，世上所有的生命、有形的事物，万事万物的高雅风范都称为"气质"。

和《名媛谈吐速成讲座》一样，本书的责任编辑基于个人期望策划了本书，加藤惠美子女士不藏私地奉献了她的私房宝典。气质的培养无法速成，但是，我们确定一件事，如果各位读者希望未来能够逐渐培养自己的气质，遵从这本书的指示绝对是通往气质之路的捷径。欢迎进入气质修炼的殿堂。

加藤惠美子

暨编辑部干场弓子

你在气质修炼的哪一层？

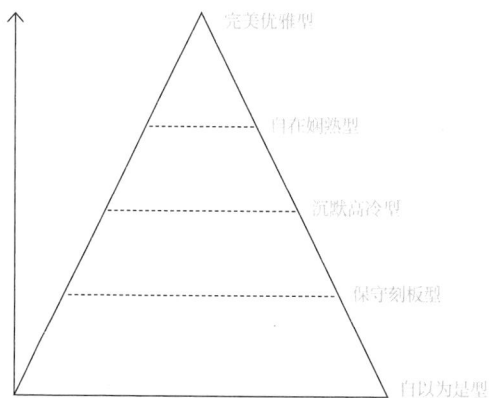

完美优雅型

自在娴熟型

沉默高冷型

保守刻板型

自以为是型

完美优雅型

（所有女人梦寐以求的气质）

| 外表特征 |

脸蛋未必标致，却是公认的美女。

浑身散发出一种难以靠近的毅然光芒。

| 相处的感觉 |

富有智慧，自在不矫情。个性率真，处事干脆。

自在娴熟型

（已经驾轻就熟，形成一定风格）

|外表特征|

中规中矩，有自己的时尚风格。

|相处的感觉|

和比自己厉害的人相处很紧张，

和朋友相处很随兴。

沉默高冷型

（人际沟通有待改善，要适度卸下防备）

｜外表特征｜

给人留下高雅美丽的印象。笑容很亲切。

｜相处的感觉｜

沉默寡言。防卫心很强。

保守刻板型

（气质初学期，还未应对自如）

｜外表特征｜

想要表现真实的自我，觉得打扮是一件丢脸的事。

｜相处的感觉｜

努力想要设身处地为他人考虑，

这种善解人意容易导致迷失自我。

自以为是型

（与气质差很远，缺乏清晰的自我认知与外界相处的智慧）

｜外表特征｜

一眼就可以看出当事人自我感觉良好，

认为自己与众不同。

｜相处的感觉｜

自己是否有利可图是人际关系的最高原则。

LESSON 1

姿态 *Posture*

Rule 1

视线保持正视

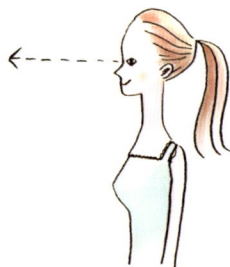

俗话说，眼睛是灵魂之窗，眼睛对气质也极其重要。有些绝世美女，或是照理说该成为气质榜样的皇室公主，虽然具有魅力，却缺乏品格，这种人百分之九十九的败因都源自"眼神"。因为清澈、富有光采和温柔的眼神，是气质美女的首要条件。

怎样才是有气质的眼神？就是随时随地，无论看人或是看东西时，都要保持直视。直视就是让视线和身体保持相同的方向，当身体和脖子同时面对视线的方向，举手投足自然也会优雅动人。

转头斜眼侧视，或是俯视、仰视都是"没气质"的眼神。看人时只转动眼珠子，会让眼神看起来很不友善，所以，除了护眼操时间以外，平时不要乱转眼珠子。

正视也可以正确看清事物。正视他人或事物时，往往可以在刹那间获得很多信息。

如果对他人感到害怕，或是自己居心叵测时，往往无法正视他人。能够用清澈的视线正视对方，就代表自己内心也很坦荡清澈。

Rule 2

欣赏美好的事物

欣赏美好的事物，是视线保持正视，培养"气质眼神"的另一个秘诀。大自然是这个世界最美好的事物，只是我们不可能每天都有机会欣赏极光或冰山，却可以观察庭院内的树木、行道树、公园内的植物、花园里的鲜花和房间内的插花，欣赏身边的大自然。

即使只是一棵树、一朵花，只要仔细观察，可以从枝叶和花朵上感受到大自然的规律，也会发现到底是不是自己喜欢的东西。

优秀的艺术也是值得一看的美好事物。多接触优秀的绘画、雕刻作品，就可以培养自己的眼光。因此，即使在心里嘀咕"完全看不懂"，仍然要多接触有助于净化心灵的事物。

歌剧和能剧[1]也一样，很多人因为看不懂而敬而远之，但其实这些剧种的故事情节都很简单，在观赏时不必太在意细节，让身体去体会那份感动。

多欣赏美好的事物，一定可以让眼神更有层次，让自己逐渐拥有美丽的眼神、锐利的眼神、温柔的眼神等各种不同的眼神。这种训练方式的成效将超乎你的想象。

注 1：日本独有的一种舞台艺术，是佩戴面具演出的一种古典歌舞剧。

Rule 3

微笑，还是微笑

完成眼神的训练之后，接着要训练整体的表情。什么是有气质的表情？就是能够展露自然的微笑，也就是具有皇室风范的微笑。见到对方时，能够立刻露出极自然的微笑，对方就会在你身上感受到气质，因而安心，对你展露笑颜。

五官漂亮的人的确比较占优势，但漂亮的五官并不是优雅表情的绝对必要条件。相反地，对自己长相没有自信的人，更需要勤练表情，所以，也许反而在培养气质这条路上找到了捷径。

因此,一定要勤练习。不妨坐在镜子前,发现自己最迷人的微笑。要注意观察眼睛和嘴巴,两者必须同时笑,无论眼笑嘴不笑,或是嘴笑眼不笑,都会变成不自然的表情。

嘴角保持微微上扬。如果嘴角向下垂,就会变成生气或不满的表情。

除了在镜子前,或是遇见别人时要注意脸上的表情以外,独处的时候,或是在搭电车时,也要对自己的表情负责,不妨让脑海中浮现美丽的花卉、喜欢的颜色和令人心情愉快的风景。

但是,如果发现周围人看到你就立刻闪开,或是和你四目相接后,垂下眼睛,回避你的眼神,就代表你的微笑"很可怕",赶快利用橱窗玻璃或镜子检查一下吧!

Rule 4

不满、愤怒只会表现出小市民的脸

有气质的人当然也有烦恼，当然也会生气。但是，在烦恼、生气时，一个劲地埋怨："为什么我每次都这么倒霉？""为什么这种事会发生在我头上？"满脑子只想着"我"，这种欲求不满就会渐渐变成表情的一部分。

"我没有错，都是对方、社会的错，我是受害者。"一旦经常批评、攻击周围的事物，不反思自己，这种被害意识就会慢慢成为表情的一部分。

自我贬低、羡慕他人、凡事都要挑剔、猜测他人的心情、整天不愉快……这些都是和气质背道而驰的行为，是典型的"小市民"特征。我们之所以能够一眼就辨识出谁是小市民，就是因为那些人的小市民思考，渐渐让他们的脸也变成了小市民的脸，随着年龄的增长，小市民脸愈来愈明显，去看看街头巷尾那些充满怨气的中年妇女就知道了。

阅读本书的读者一定不想成为这种人，所以，必须放弃小市民的思考。不要凡事都以自己为中心，站在对方的角度看问题，不为小事抓狂是我们努力的方向。

这的确是一件知易行难的事。但是，既然知道了，就要付诸行动，而且这么努力，不是为了当"好人"，而是为了让自己成为有气质的人，你愿不愿努力尝试下呢？

Rule 5

背上有一对天使翅膀

一个人的姿态对气质的影响胜于容貌。注意观察一下周围，你会发现一件神奇的事，一个人只要抬头挺胸，浑身就会散发出高贵的气质。相反地，一旦弯腰驼背，外表看起来立刻苍老十岁，一副寒酸相，而且，对健康也有不利影响。

一旦有了良好的姿势，不管穿什么衣服都好看。所以，随时提醒自己不要耸肩，而要伸长脖子，抬头挺胸。同时，努力感受背上那对天使的翅膀（天使的翅膀长在肩胛骨上）。

如果自认脖子不够长，为此感到不满意，只要努力将脖子伸长，双肩下垂，就可以在视觉上有增长效果（也有助于消除肩膀酸痛）。

随时想象自己背上有一对天使翅膀，随时感知这对翅膀。天使的翅膀就会让你的姿势变优美。

Rule 6

指尖要并拢，动作带着弧度

除了抬头挺胸，手和脚的动作也很重要，举手投足决定了身体的表情。虽然天生腿长手长的人比较占优势，但手脚的形状和动作优美是两回事。

首先要牢记，指尖务必要并拢。除了静止不动的时候，端茶、递资料、接过别人递来的东西、打开皮包和皮夹、拿东西……做任何动作时，指尖都要并拢，不要跷小拇指。

指尖并拢做任何动作时，都比手指张开或用力握紧时更不稳，于是，就会很自然地伸出另一只手协助，而且，动作也会变慢……这才是理想动作。拿东西一定要用双手，动作要缓慢而轻盈，这是气质美女举手投足的要点。

做任何动作都要带有弧度，尽可能不要发出任何声音，静静地、正确地完成每一个动作。一旦匆忙慌张，动作轨迹都会呈直线，而且会发出很大的声音。

你会发现一件神奇的事，缓慢而正确的动作往往比仓促慌张的动作更能够迅速完成想做的事。

Rule 7

再累，坐下时也要双腿并拢；

走路时，从腰部开始用力

养成指尖并拢的好习惯后，记得双脚也要并拢，膝盖靠在
一起。当然，绝对不能跷二郎腿。

坐在椅子上时，双腿微微向前伸，脚尖朝向视线的方向，
有助于在视觉上让双腿显得更修长。同时，别忘了，自己的背
上有一对天使翅膀。

其次是走路的姿势。走路时，千万不要弯曲膝盖，要让腰

部用力，把腿伸向前方，感觉头顶上有一股力量把自己往上拉。古代人都会把书本放在头顶上，练习走一条直线，虽然听起来很好笑，但这是基本的训练方法。

这也是知易行难的事。虽然大家都知道正确的走路姿势，但很多女人花容月貌、身材窈窕，衣着打扮也无可挑剔，走路的姿势却破坏了一切。这也是为什么走在路上，很少看到走路姿态优美的女人的原因。

正因为如此，更值得自我训练，因为只要走路姿态优美，别人光看一眼，就会对你留下深刻印象。从今天开始的一个月时间，随时注意改善自己的走路姿势。

最理想的方法，就是学习舞蹈的基础。有些人可能很幸运地学过芭蕾舞，如果从现在开始学，建议学习国标舞，即使变成七八十岁的老太太，也能够凭着具有舞蹈基础的站姿展现绰约风姿。

Rule 8

加强肌力训练胜于体重控制

曾经有一个内行人告诉我，芭蕾舞者之所以看起来姿势优美，并不是因为她们手臂和手指修长的关系，而是持续训练手和手臂动作的结果。双腿也一样，虽然骨骼是天生的，无法改变，但只要锻炼适当的肌肉，就可以增加双腿的美感。

不要再怪罪天生手脚的形状不够美，认为自己的外表不可能有气质。从今天开始，彻底改变这个想法。

即使知道应该随时抬头挺胸，坐下时双腿要并拢，但因为后背和双腿的肌肉缺乏力量，所以容易觉得累，很快就恢复了弯腰驼背的姿势。

姿势优美的人，不仅在相亲、联谊时会正襟危坐，平时坐在家里的沙发上放松时也不会东倒西歪。确切地说，优美的姿势才是她最轻松的姿势。因此，必须锻炼背部肌力。

最有效的训练就是用深蹲锻炼背肌和腹肌。一天只要3分钟，至少持续一个月，你一定会发现自己身体的变化。走路、上下楼梯时，也视为锻炼美腿的运动，努力保持优美姿势。事实上，想要让自己外形看起来更美，改善姿势比减肥更有效，也更轻松。

时尚不必依赖名牌

高端名牌服饰在欧洲被视为身份地位的象征。不知道这是幸运还是不幸，在日本，不光是有钱人，在普通的上班族和学生身上也可以看到名牌服饰，它们已经失去了作为身份地位象征的意义。也就是说，使用名牌无妨，但无论是否使用名牌，别人都不会将它作为判断品格的标准。

不过，如果内在相同，身穿昂贵的衣物当然比较好看。所以，很多人放弃努力改善自己的姿势、表情，也不磨炼自己的内在，而是靠一身名牌让自己看起来像是"有气质的女人"。

但恰恰是依赖名牌，衣着花哨、矫揉造作，显示了对自己的品位和品格缺乏自信。因此，想要依赖大牌服饰彰显气质，行为举止也要配得上这些服饰才好。

请选择优质而简单的服饰，适合自己的服饰比花哨更重要。只有在平时穿搭时多尝试、揣摩，努力提升日常生活的一切审美品位，才会知道什么衣服真正适合自己。

LESSON 2

谈吐 Talk

Rule 10

说话的音量只要对方能听见就好

　　无论是搭乘公共交通工具、逛服饰店或是参加派对，只要听一个人说话的声音，就大致可以猜到他（她）是怎样的人。无关谈话的内容或是遣词造句，从说话的声音就可以想象那个人的长相。难道长相和声音是互为一体的吗？

　　音色和音质固然是判断的基准，但最重要的是音量。当一个人用周围人都可以听到的音量说话时，不管内容如何，都显得低俗。从另一个角度来说，不管音质、音色如何，小声说话

是谈吐有气质的首要标志。

但是，如果小声到连交谈的对方都听不到，就代表缺乏自信。有气质的人会用只有谈话对象能够明确听到的声音说话。

想要谈吐更有气质，可以在谈话时巧妙运用只有对方了解的词汇、谚语、惯用语、比喻，即使不小心被别人听到谈话内容，别人也无法理解，也就不会造成其他人的困扰。

首先学习调节自己说话的音量，就会发现，说话缓慢、简洁，即使不提高分贝，也会将语意明确传达给对方。

Rule 11

严禁在公共场合因激动而喧哗

　　想要谈吐有气质，必须特别注意情绪激动时的说话音量。无论高兴或受到惊吓，人在情绪激动时，往往容易大声说话。尤其和亲朋好友聚在一起时，情绪一激动，就开始大声喧哗，忘记周围还有其他人，这种行为显得自己很没气质（但有危险状况时，当然必须大声通知）。

　　大嗓门的人不要远距离交谈，尽可能走到对方面前说话。在公共场合，即使是很熟识的朋友，说话时也要避免使用太随便、太刺耳的词汇。必须随时谨守这个规则。

　　经常在路上看到母亲大声斥责小孩，遇到这种情况，遭到白眼的往往是母亲。无论在训斥小孩或是小狗时，小声但严厉的语气也比大声更有效。

Rule 12

见面和道别时都要有礼貌地打招呼

一个人说话的用字遣词，是衡量他（她）气质的重要标准之一，在这里必须强调一个重点，就是和别人见面、分别时，都要有礼貌地打招呼。

如果做到这点，即使谈话的内容和用字遣词有一点小问题，也会让人觉得"人不可貌相，没想到这个人做事很有分寸"，至少不会给对方留下不愉快的印象。

无论是第一次见面，还是久别重逢，抑或是每天见面的

人，都要带着"很高兴见到你"的心情向对方打招呼，在说"很高兴认识你""好久不见，最近好吗"和"早安"时，要口齿清晰地把每一个字说完整，才是有气质的说话方式，如果再结合姿势优美的鞠躬，就是一百分的表现。

　　道别时也一样，向对方鞠躬时，真心诚意地说"今天很高兴见到你""谢谢"，表达内心的感谢，简单却不失恭敬。

　　越匆忙的时候越要注意这些细节，即使和对方聊得不愉快，也不要忘记表达感谢。

Rule 13

谈话必须尊重对方

擅长倾听比擅长说话更重要，擅长让对方开口说话，又比擅长倾听更重要，如果能够提出一些让人想要回答、回答后心情很畅快的问题，这就是善解人意，会让人感到舒服。这就是谈话有气质的表现。

相反的，从头到尾只顾着聊自己的事，只问一些自己有兴趣的事，说话越彬彬有礼，越让人怀疑品格有问题。

每个人都会试图用各种方式让对方知道自己比较优越。比方说，无视对方的要求，看似彬彬有礼，却傲慢、自我，试图占上风的行为很常见。尤其是缺乏自信的人，更容易有这种表现。

不可思议的是，有不少人拥有财富、名声和美貌，却不断向周围人强调自己的优越。这些人都和有气质完全无缘。面对这种人，不需要迎合，更不需要尊重，甚至根本没必要和这种人说话。但是，千万不能和对方竞争，否则，自己的品格也会遭到怀疑。

面对无法尊敬的人，除了客套话以外，没什么好多谈的。这是最佳选择。

Rule 14

刺耳的话，就让它过耳即忘

有些看似人人称羡的幸福女人，说话时也许彬彬有礼，但话中带刺，或是贬低他人。糟糕的是，当事人往往完全没有意识到这个问题，却不知不觉地脱口说出带刺的话。

这种时候，认真就输了。特别是在自己缺乏自信的情况下，很容易受到伤害。即使自己充满自信，向对方迎战，也可能会沦落到和对方相同的水平。

如果不小心和这种人多聊了几句，被卷入比客套话更深入

的谈话时，干脆把耳朵关起来，既不要表示赞同，也不要否定

对方，脸上更要表现出不为所动的表情。并不是每个人都能够

随时做出富有机智的反击，不要轻易尝试。

　　只要能够下意识地把耳朵关起来，就是很出色的反应。

Rule 15

胜于雄辩的沉默

即使对自己的谈吐、教养和为人缺乏自信，仍然想要表现得有气质，最有效的方法就是沉默。除非必要，不开口说任何废话。沉默寡言，在适当的时候恰到好处地点到为止，就是最理想的做法。

通常，人会以为只要保持沉默，就可以显得很有深度，但如果沉默时什么都不思考，就会双眼无神，显得脑袋空空，明眼人一眼就可以看出破绽。所以，你可以充满热忱地倾听对方说话，在理解的基础上附和。

擅长倾听胜于雄辩，很少有人能够真正做到通常都是沉默寡言，而一开金口就是至理名言。不妨首先做到不说废话，一旦开口，就要力求"简短而正确"。

Rule 16

不要随便"踏进别人的私领域"

除了说话带刺、咄咄逼人以外,"踏进别人的私领域"的谈话也很没有气质。只有"三姑六婆"才会无视对方的心情,蛮横地踏进他人的私领域,这人也就成为别人眼中"管闲事"的人。

但是,并不需要对所有"管闲事"的人都敬而远之,遇到古道热肠的善心人,不妨带着感激的心情相处。看到他人有难,正确了解原因,适时伸出援手并非管闲事。

爱管闲事又没气质的人最大特征之一，就是基于好奇打探他人隐私。如果你想要表示关切，了解对方的私事，首先必须逐渐和对方分享自己的私事，在对方主动开口之前，绝对不要打听。

另一个典型，就是踏入对方的专业领域或角色中。当满脑子只想到自己时，往往容易忘记对方是谁，不知不觉地涉足对方太多私领域的事，造成他人的困扰。

Rule 17

君子说话，言责自负

无论怎么小心谨慎，仍然可能因不慎说出失礼的话、话没有说清楚，进而导致误会或错误。遇到这种情况时，没气质的人反应都一样——"我不是故意的。""我没有恶意。""你太过分了，居然为这种事责怪我。""这种小事根本不重要嘛！"……

有时候即使没有把这些话说出口，内心或多或少都会用这些说辞将自己的行为正当合理化。这种被害意识、不满的态度，或是恼羞成怒，进而表现出傲慢的态度、表情和行为，将会让你离气质之路愈来愈远……

　　不重视说话的重要性，就会进而影响思考、行为和外表。想要成为气质美女，不管自己有没有恶意，无论自己是否有意，都必须对自己说的话负责任。言责自负不是对自己说话的意图负责，而是要对"对方听了之后有何感想"负责。

　　只有知道话一旦说出口，有时候自己并无法负起全责后，才会谨言慎行，减少因为大意、无意识或不自觉的言行犯的错。

LESSON 3

行为 *Behavior*

Rule 18

别人请客吃饭，不可剩饭菜

你是否听过曾经有朝臣或是王公贵族，即使沦落到街头行乞，但从他拿筷子的方式，就可以看出他出身高贵之类的故事？一个人用餐时所展现的礼仪和谈吐一样重要，甚至比谈吐更能够表现出一个人的气质。

而最基本的用餐礼仪是别人请客吃饭时，饭菜绝对不可剩。受朋友或熟人招待吃饭时，通常基于礼貌，以及对下厨的人表示感谢，都会把饭菜吃完。但是去参加客户招待，或是企业宣传活动的自助宴时，很容易放松警惕，即使自己吃不完，也在餐盘里装了满满的食物。或是觉得反正其他人也不认识自己，就完全不顾他人，只顾自己低头猛吃。

这种情况往往是对一个人气质的考验。除非是自己付钱结账，否则在取菜时，就要顾及周围人，不要一下子拿太多食物。

即使不小心拿到了自己不喜欢的食物，既然已经拿到自己盘子里，就不能剩下。

Rule 19

动作缓慢而到位

想要表现气质最有效的方法，就是动作缓慢而细心。说话要缓慢，鞠躬要缓慢，动作也要缓慢。如前面第一小节"姿态有气质"中提到的，每一个动作尽可能带着弧度，举止就会从容不迫。

但是，缓慢并不是越慢越好。向来动作慢吞吞，平时常被人说慢郎中、拖拖拉拉的人，不需要进一步放慢速度，只要力求更精准、正确。只要能够做到正确，即使速度稍微慢一点，

最终还是能够快速完成一件事就好。通常那些被骂慢郎中、拖拖拉拉的人，往往不仅动作缓慢，正确率也不高。

相反的，性子急的人必须把速度放慢一倍，随时提醒自己，慌张容易出差错。说话的节奏也一样。无聊的废话没人想要慢慢听，因而，重要的内容必须简洁、精确、慢慢说。

Rule 20

越是紧要关头，越需要冷静沉着

除了用餐礼仪以外，发生紧急状况或不寻常状况时，也是对气质的考验。

平时举止缓慢优雅的人，在紧要关头比别人更激动、更慌张，代表这个人的气质是装出来的，愈是在紧要关头，越能够展现日常生活状态。

真正的镇定要在发生意想不到的状况时发挥。平时努力修行，才能在紧要关头处变不惊。

　　比方说，上下电车、进出电梯也可以成为一种练习。平时要经常练习思考，万一发生意外，最先要做什么事？在关键时刻，身体才会很自然地付诸于行动。

Rule 21

以对方为尊

只要受到盛情款待，受到他人尊重，任何人的行为举止都能够从容自然，也可以在别人面前表现出自己宽容的一面。问题在于没有被这样对待的时候，当自己不是被视为最重要的人时的反应，往往反映了真实的自己。

随时希望自己比别人更优越，理所当然认为自己应该受到重视的人，一旦没有受到这种对待，就会极度不满，根本无法察觉对方有不得已的苦衷。

无论受到何种对待，都能够听从对方的安排，才是优质的处事态度。有气质的人心里很清楚，自己的价值并不会因为对方的态度而改变。

有气质的人即使把好事让给他人也会低调行事，不会大肆宣扬。

有时候会看到两个人让来让去让了半天，旁人往往觉得根本是把谦让的行为当成作秀。谦让应该低调，避免发生相互让来让去的状况才是最高境界。

Rule 22

不贬低自我

随时想要争第一的心态，乍看之下似乎很有气质，但其实是品格低下的"隐形自卑者"。还有另一种人，只要稍微偏离自己熟悉的领域，就立刻像小猫一样战战兢兢、紧张不已，和平时判若两人，这种人是更赤裸裸的自卑者。

这种人会不会谦虚地尊敬他人？当然不会，他们只是借由自我贬低来保护自己，基本上和"隐形自卑者"借由贬低他人来体现自己的优势没什么两样。

　　因此，过度谦虚而变成卑怯时，就跟傲慢的态度一样，与气质完全背道而驰。而且，人紧张的样子有时候往往容易显得傲慢和盛气凌人。

　　不必在意别人怎么看自己，而是要站在自己希望给别人留下什么印象的立场和他人相处，在提升自我的同时，让对方也得到提升。在此基础上谨慎应对，就可以成为气质美女。

Rule 23

言而有信，遵守约定

有些人和别人相约见面，总是习惯性地迟到五分钟、十分钟，或是和别人约了吃饭、逛街，却临时通知"我突然有事，不能去了"……一个人会忘记或是无法遵守这些不怎么重要的口头约定，其中必有原因，绝对不是这个人随兴健忘，而是故意这么做。当然，有时候可能只是无意识的。

因为这些人往往误以为与其等别人，不如让别人等自己，口头约定只是客套话，不必认真。他们误以为这样可以让自己

显得更有身份地位。

这当然是谬论。再小的口头约定，都要"说到做到"。即使对方忘记了，自己也要言出必行。这才是气质美女应有的行为。

如果做不到，就不要轻易和他人约定。因此，不妨把"不随便和他人约定"作为气质美女的一个原则。

Rule 24

居家环境维持整齐清洁

　　有的人不费心布置房间，东西乱扔乱丢，也不打扫，屋里简直就像垃圾堆，但一走出家门，打扮得像个贵妇。这种情况有可能发生吗？

　　其实即便在家里，女人也要注意自己举动的优雅和美感，生活在杂乱空间内，动作也会变得粗枝大叶，根本不可能优雅地缓缓用指尖划出弧度。

　　而且，居住环境对人的情绪也会有很大的影响。长时间生活在缺乏协调感的杂乱房间内，人会变得富有攻击性，或是充满负面情绪。相反的，整齐清洁的美好环境可以带来情绪稳定。

如果希望自己有气质，请立刻整理你的家。家里的布置不必豪华，只要将地板、桌子、窗户擦干净，再插上一枝花就足以让屋子清洁又美丽。

既然居家环境可以很自然地培养气质，那么这就是再简单不过的方法了。

Rule 25

只用有设计感的物品

人会受到环境的影响，环境也可以塑造一个人的品味。环境并非只有居家环境而已，除了桌子、沙发之类的家具以外，平时生活中用的餐具、文具、日常用品都会对一个人的气质产生影响。

只有设计良好的优质物品才能培养一个人的气质。那么，什么是设计优良的物品呢？就是整体协调，有助于让人保持一种稳定的心理状态的物品。相反，缺乏协调感的空间和物品随时隐藏着危险，导致人的心理状态无法稳定。

从小接触设计优良的物品，就可以自然而然地了解什么是富有协调感、设计优良的物品。不过，即使从现在开始接触也不晚。

从今天开始，下定决心，哪怕只是一个咖啡杯、一支笔，都要坚持使用富有协调感的优质物品，马上把那些基于妥协而凑合着用的东西丢进垃圾桶。

而设计优质的商品往往是那些看似普通，却很吸引人，形状小巧，线条简洁的物品。

LESSON 4

精神 *Spirit*

Rule 26

小事也要认真对待

即便只是打扫、整理房间、泡茶这么稀松平常的事，有些人做起来也会特别有气质。有没有气质，到底差在哪里？

仔细观察那些有气质的人，就会发现他们在做这些日常生活中的琐碎小事也都很认真。认真对待时，是用心在和物交流，举手投足就细致、准确。同时，也可以很自然地培养对优质物品、好设计的眼光。也可能是因为他们随时注意自己的行为，很自然地培养了协调的思考方式。

一个相框的摆放、写一份感谢信……从今天开始，认真对待这些在日常生活中看上去不怎么重要、容易被忽略的事。几个星期后，一定会有变化。你会发现周围人对你的态度渐渐不一样了。

Rule 27

不执着

无论对食物、对物品，或是对立场主张，有自己的"执着"并不是坏事，但这种"执着"和气质是两件事。或许有人坚持用好的东西来显示自己非同寻常，但是这真的跟气质没什么关系。此外，还有不能执着的事，比如一定要出人头地，不由分说地坚持自己的愿望和想法。

我就是这样的人，我的想法就是这样。执着于这种立场与主张的人或许看起来很聪明、很坚强，但事实并非如此。仔细观察那些强调"执着"的人就会发现，他们往往对自己缺乏自信，为了掩饰这种没自信，才故意表现得自己很有原则。

希望自己可以像那个人一样得到幸福，希望自己过这样的人生。执着于这种愿望，一旦有不同的人生、另一种幸福出现在自己面前，也往往会视而不见，一味追求无望的愿望。这是很愚蠢和不幸的事，旁人往往无法理解。

只有具备从不同角度客观观察事物的知性，和随时可以自由改变自己的勇气，才能够具备真正吸引他人的气质。

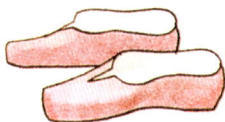

对自己的幸福心存感恩

在前面一章也曾经谈到，如果身处优越的环境，仍然无法感到满足，就容易表现出傲慢，或是经常有一些不满，渐渐在一个人的脸上表现出来。

不必在意自己没有的东西，要把焦点集中在自己拥有什么。不必在意别人怎么想，不要整天和别人比较，多想想自己所拥有的和当下的状况，从而感谢自己拥有的幸福。面对不幸的事或不幸的状况时，不要老是抱怨："为什么我这么倒霉？"不妨客观点想想："原来也会发生这种事。"这才是真正的自信。

道理谁都明白，但要真正做到也不容易。

或许你的脸蛋不够漂亮，也想要成为一个美丽的女人，或许在今天以前，你是个欲求不满的人，但一旦你打算成为一个有气质的女人，现在改变都不会太晚。方法很简单，只要从现在开始，将注意力放在自己拥有的幸福上，并对此心存感恩。

Rule 29

人生要有专注的事和目标

举止优雅、表情温和、待人处
事谦卑有礼……如果只从表面认识
前面列举的这些有关气质的原则，
对于提升一个人的气质只能是隔靴
搔痒。真正的气质来自内心。

大海看似平静美丽，其实为了
保持这种平静和美丽，必须付出持

续的努力。但这种努力并非自我约束，强迫自己装作有气质，而是必须随时朝向目标不断努力。不是脑袋空空、碌碌无为地过每一天，而是对生活、对人生有自己的目标和专注的事。对人生真挚的态度可以培养一个人的气质。

你在目前的生活中有什么正在努力做的事？

你的人生中，有没有想要实现的目标？为了实现目标，付出了什么努力？

无论何时何地，都不能失去目标。如果你希望自己成为气质美女，不妨在本书中发现自己想要努力做的事，在日常生活中付诸实践。

任何微不足道的事都无妨。只要拥有目标和热情，身体和头脑就会持续活跃。能不能持续燃烧内心的热情，是决定未来人生的关键。

Rule 30

远离小我，才能培养气质

具备不受他人和情势影响的知识、判断力和实力，即使手上掌握了权力，也不靠权势支配他人，随时都保持简单明确。这是一个自由的人最理想的状态。但是，在现代社会中，即使是这样的人也无法不随时防范他人。

为了避免对他人造成困扰，必须靠自己的力量保护自己，但令人伤脑筋的是，大部分人不是保护自己，而是保护自己的利益。

自己的利益很容易和他人的利益发生冲突，想要保护自己利益的人，往往把所有的力量都投入在让自己优先于他人这件事上。前面曾经提到的"隐形自卑者"行为，我通常称之为"利己主义"。

大部分人都追求利己主义，因此在人际关系中会产生很多摩擦，就连"气质"也带着自私自利的色彩。

不必一味追求利益。一旦抛开小我的利益，就可以从客观的角度认识对方的言行和自己不幸的状况，有助于看清事物的本质，也能够产生自信和从容。

远离小我，才能培养气质。

气质面临考验时

1 境遇改变时

如果身处优越的环境，精神愉快，周围都是心地善良的人，在这种状态下，任何人都可以表现得很有气质。问题在于一旦失去了这样的环境，人生跌入谷底时，如果整天怨叹今不如昔，缅怀过去，憎恨目前的境遇……不管这个人出身有多高贵（越是出身高贵，越是如此），这个人的气质也并非货真价实。真正有气质的人，不论境遇如何变化，都能够淡然处之；

无论如何落魄，哪怕失去了一切，气质仍然不会改变，仍然气宇轩昂。

无论境遇如何改变，真正属于自己的东西都不会消失。财力、权力和美貌终将消失，唯有气质不会消失。

2 身陷不幸时

任何人都希望自己幸福，但是，通常我们对于幸福的认知，都是来自和他人之间的比较。所以，只有达到领悟境界的人，才能由衷为他人的幸福感到高兴。也就是说，大多数人看到比自己幸福的人，或多或

少都会心生嫉妒。

因此，当自己面临不幸时，不会遭受他人的嫉妒，这是多么美好的幸福。不妨放弃追求幸福的梦想，把不幸视为理所当然。

所谓幸福，就是感谢目前所拥有的幸福，并不是"追求幸福"。只要不和他人比较，不追求比别人更幸福，就不会感到不幸。

有气质的人对幸福的追求讲究随遇而安，也正是在这种从容淡泊中流露出独特的气质。

3 遭受敌意时

如果对方把自己视为有品格的人，用带着敬意和亲切的态度对待自己，任何人都能够发挥品格，用相应的态度对待对方。反过来说，只要你把对方视为有品格的人，用亲切的态度对待对方，对方也会表现出温文尔雅的气质。于是，双方就可以建立相互提升气质的关系。气质就是这样相互提升，逐渐培养起来的。

遗憾的是，有时候用谦虚的态度对待对方，对方反而得寸进尺，摆出一副高高在上的架势。尤其是那些乍看之下"气质高雅"的女人，常常属于这种类型，很让人头痛（请参考本书开头"你在气质修炼的哪一层"中"自以为是型"），有时候甚至可以感受到她们的敌意。

与这一类型的人相处，往往会在见面的瞬间，就感受到敌意的火花，也可能在纳闷"她为什么会说这种话"之后，才发现那是敌意。

总之，当遇到对方的不友善对待时，正是对气质的大考验。个性强的人会立刻展开反击，声色严厉地还击对方，才感到痛快；个性温和的人觉得"退一步海阔天空"，只要忍一下就好。

当然，这两种人都不算是有气质的人，因为他们自我贬低到和对方相同的水平。有时候以为自己忍一下就好，但还击对方可能会造成他人的困扰。

面对对方的敌意，采取温和的无视态度，就可以避免降低自己的气质。也就是说，不是刻意避开对方，而是面带笑容地闭嘴，之后就敬而远之。是否能够以温和的方式避开对方的敌意，避免和对方沦为相同的水平，也是你目前气质水平的表现。

当对方表现出敌意时，也可能是针对你展现的敌意做出反应。敏感的人往往会敏锐地感受到对方的敌意而做出反应。所以，遇到他人具有敌意的对待时，事后的反省也很重要。

4 身处陌生环境时

在自己熟悉的环境受到欢迎时，任何人都可以表现得落落大方。但是，去参加派对时，发现没有人认识自己，自己也没有引以为傲的头衔时，往往会感到不安，手足无措。于是，就觉得默默站着不说话，也是一种气质的表现，事实却并非如此……

必须特别注意的是，即使当事人是因为紧张而沉默不语，但在旁人眼中往往以为是"傲慢、自以为了不起"的行为，也许是因为心生畏惧时的眼神和傲慢的眼神很相似吧。

与其东张西望，寻找有没有熟人，不如独自观察会场的摆

设，喝茶，或是眺望庭院。决定做某一件事后，缓慢优雅地付诸行动。这才是有气质的表现。即使别人主动找你说话，也不必感到紧张害怕。

5 发现遭到背叛时

遭到他人背叛时，也是对气质的考验。

永远不要期待自己的朋友必定会保护你。每个人都有自己的利害得失，即使对方没有保护你，也不能指责对方。

如果有人愿意保护你，愿意为你付出，不要忘记，对方这么做有他的原因，你也因此欠了对方一份情。也就是说，下一次轮到你为对方付出。

必须清楚地认识到，任何人都必须靠自己保护自己，一旦有人愿意保护你，为你付出，就必须牢记这份感激，这才是有骨气的气质表现。

6 感受到压力时

当遭到他人的责备、承受压力、遭受攻击时，往往会反击、辩解、为自己开脱、沮丧……虽然每个人的方式不同，但通常都会下意识地做出反应，还击对方。

但是，无论用任何方法还击，都不是有气质的表现。如果能够用轻松的态度说出富有智慧的话，当然可以大快人心，只是这并非普通人能够做到的，所以，不妨让心情放轻松，撑过眼前的难关。

感受到压力时，全身都会紧绷，身心都会紧张、僵硬。所以，首先深

呼吸，放松身体的紧张，要彻底放松，不要试图还击，这才是迈向气质的第一步。

同时，要牢记一件事，在气质满分的状态下，就不容易承受压力。

7 发生紧急状况时

日常生活中，往往无法了解一个人真正的价值，或者说一个人的真心，只有在发生紧急状况时，才能看清楚。气质也一样。

即使平时以别人为尊，行为举止很得体，一旦遇到紧急状况，就开始推卸责任，避免火烧到自己身上，只想一个人脱身，因为心慌意乱，而失去冷静的判断能力，就会暴露出之前的"高雅"举止都是演戏和伪装，只是希望成为大家眼中的好人而已。

遇到最大的瓶颈时，如果能够为他人的幸福和未来着想，哪怕必须承受污名，即使平时的行为举止不够得体，也足以证明这个人是真正有气质。

8 不尽如人意时

当事情的发展无法尽如人意时，自己犯的错引起了麻烦，或是被卷入他人制造的麻烦时，没气质的人往往会有以下的反应——他们不会说是自己的行为导致了这样的结果，只说发生了这样的状况。他们并不是用这种方式告诉别人不想为此负责任，而是完全没意识到是自己的责任。

于是，这种人随时都会欲求不满，从他脸上的表情完全看不到"气质"这两个字。

这种情况往往会发生在过于自卑，而且努力掩饰自卑的人身上。因为自卑心太强，她完全无法接受自己犯错。因为他们觉得一旦接受，就会失去自我。但其实气质同时也是接受自己犯错的坚强。

9 春风得意时

当事情的发展完全符合预期时，是不是任何人都可以表现得有气质呢？答案是否定的。越是自卑的人，一旦获得成功，受到他人称赞时，就会得意忘形。虽然自己还是以前的自己，却会觉得自己与众不同，丧失了以前的谦虚态度。久而久之，别人就会认清真相，出现负面评价，当事人就会走向自我毁灭之路。

这种人的自我评价往往都依赖于他人。自卑不是因为他人对自己的评价低，而是自我评价太低造成的，却试图靠别人的评价来弥补，因而才会造成自己极大的痛苦。

无论别人怎么评价自己，都要接纳自己的价值。只有接纳自己，才能谦虚地面对他人的评价，展现出落落大方的气质。

10 面对众人时

如果你误以为有气质就是矫揉造作，那必须改改了。矫揉造作是试图让人以为自己比实际上要好，但越是装腔作势，越容易有被人看穿的危险。

书中讲了各种有气质的行为和态度，这并不只是要求大家在他人面前，或是重要的场合好好展现；关于培养气质的各种训练，也并不是只用来做给别人看的，而是要在日常生活中实施。

在众人面前时，不妨抛开一切，表现真实的自我。如果日常的训练有成果，就可以在"真实的自我"中感受到气质。

即使努力想要在关键时刻手指并拢，坐下时双腿并拢，嘴角随时带着笑容，但遇到本章介绍的各种意外或是紧急状况

时，所有的伪装都会暴露，反而会让人觉得"又不是多重要的场合，这个人也太做作了"。

必须在日常生活的所有场合——无论在职场、家里，还是一个人放松时，都要随时训练，在关键时刻，才能够成为你真正的价值展现出来。

也就是说，如果想要矫揉造作，就在家里尽情地装模作样。出现在别人面前时，就表现出真实的自己。独处的时候，不妨假装有人在看自己；真的有别人在观察你的时候，反而要抛弃"别人正在看我"的意识。

于是，你就会发现自己的行为很糗，自己的气质还停留在初级阶段，但这些经验可以变成自己成长的养分。

气质修炼之路还很漫长，祝福各位一路畅通。

你必须要有气质的理由

1 因为口袋空空

从日本的泡沫经济崩溃至今已经十几年，日本仍然不容乐观，媒体整天都在悲观地报道，日本很快就会被踢出先进国家之列。但是，这真的是这么令人悲观的事吗？是一定不能让它发生的事吗？

日本这个国家，以及住在这片土地上的国民（除了一小部分人以外）都没有财产，未来也不会有财产，日本人再度变得贫穷。但是，贫穷不是很适合日本人吗？日本甘于贫穷，所以才美丽，回想 20 世纪的战争就知道，当我们想要得到更多时，结果反而变得更贫穷。

如果你没有财产，没什么高档用品，也没有购买这些高档用品的财力，恭喜你，因为你正站在培养"气质"的入口。

大部分人在拥有名牌精品，享受豪华料理的那一刻，都会兴奋不已。但是，从今天开始，忘记这一切，那些还在追求这些的人，为了名牌、为了美食而大排长龙的人已经落伍了。

赶快把岌岌可危的自己拉回原来的轨道，重拾朴实快乐的生活。"气质"并不是把名牌穿在身上，却过着寒酸的日子，而是用心对待日常生活的每一个细节，滋润地过每一天的生活。

如果目前拥有庞大的资产，而且能够一辈子如此，当然是莫大的幸福。但是，一旦目前的境遇发生变化，那即便整天哀叹、埋怨也无法解决任何问题，反而会让自己更悲惨。

人可以适应任何境遇，只是适应变化的境遇需要付出努力。气质有助于我们适应随时变化的境遇。只要拥有气质，即使失去了财产，知性也可以让你在改变的境遇中随遇而安。

2 因为自己不是潮流的宠儿

在当今的时代，感性比知性更受重视，个性又比感性更吃香，野心也比谦虚更受欢迎。在这样的社会环境下，如果缺乏个性，又缺乏与众不同的才能，也没有品味，不知道自己该做什么的人，又该怎么办呢？

这种"一无是处"的人，其实正站在"气质之路"的路口。富有个性，有强烈的野心想要修炼气质，想要成为怎样的人固然很不错，也很有魅力，但很多时候，这种人往往和"气质"无缘。

如果你知道自己无法成为某方面的高手，只是很希望自己也能够像那些高手一样，被人称赞，但深知自己缺乏旺盛的斗志和野心，既然如此，为何非要追随潮流，拼命展现根本不存在的自我呢？

如果自己没有伟大的梦想，不妨帮助他人实现梦想。只要观察周围，就会发现有很多人需要你的帮助。

但是，有一件事必须特别注意，不可以暗藏想要借由帮助他人，实现被他人称赞的野心。有些人无视自己身边人的不幸，积极投入公益活动、公民运动。也有些人不顾他人的实际需求，按自己的方式去"帮助"他人。

这些人之所以会有这些行为，就是希望自己在别人眼中看起来比实际的自己更优秀，希望自己在别人眼中更出色，但是，虚伪早晚会被真相摧毁。

帮助他人，就是正确完成别人委托的事、别人指示的事，以及自己和别人的约定。必须抛开小我，真心诚意地完成这些事。同时，用正确的言语、行为对待他人。日积月累，就是对他人的帮助，培养最出色的"气质"，有助于你成为气质美女。

3 因为不受他人尊重

如果你总是躲在别人背后，如果你因为缺乏自信，总是跟着别人，如果你被"没什么了不起的想法、嗓门却特别大"的人牵着鼻子走……如果你属于这种类型的人，你需要的不是敢于在众

人面前表现得强势，而是信念，要对自己的信念感到自豪。

很久以前，日本人虽然贫穷，但受到世界各地民众的尊敬，因为日本有独特的文化，日本人为自己而感到自豪，他们温和，且落落大方。如果你在国外，别人知道你是日本人而表示尊敬时，其实他们尊敬的是以前的日本人，尊敬的是我们在20世纪失去的那些东西。

如今，日本人出国大肆血拼、走进高级餐厅、吃高级料理，的确对那些国家的经济有很大的贡献，却丝毫没有受到尊敬，甚至会有一些不愉快的经历。但是，不能把这种现象完全归咎于种族歧视和过去的战争这些政治因素，因为这和我们在日本国内，在附近商业街受到的对待并没有太大的差别。

我们缺乏建立在信念基础上对他人的尊敬、关心和礼节，一旦缺乏，不同的人会因为性格不同，表现出强势或是自卑的态度，两者都和气质相去甚远。

不要唯我独尊，也不要再人云亦云，只要稍微关心一下周围人，就可以成为很有礼貌的人，这也是气质中很重要的一部分。

4 因为经常被人利用

如果因为你是个性温柔、与人为善的好人而被人看轻，你不需要改变温柔的性格，也不必放弃与人为善，向那些有强烈自我主张的人学习，而是要对自己充满自信，继续温柔、与人为善。

因为与人为善而被认为是傻瓜的好人，和那些耍小聪明、格局很小的人，哪一种人能够更快培养"气质"？当然是与人为善的人。只要扩大与人为善的格局，进一步修炼、精进，别人就可以从你身上感受到气质。

不要觉得自己当好人很吃亏，要让自己充满信念，所谓

"好人"就是人性的素质更高。即使有人因为你是好人而看轻你，也是因为他不愿意承认是自己性格不好才轻视你，反而更衬托你的出色，你也会从那个瞬间开始散发出气质。

温柔也一样。虽然温柔的人看似脆弱，但其实是内心坚强的人。即使别人误以为他们听人摆布，但其实是因为他们内心坚强，所以并没有把不好的人或事太放在心上，不要误以为是因为温柔而被人看轻。

温柔不是性格的问题，而

是知性的问题。在他人需要帮助时，在意自己的想法、利害得失，以及别人怎么看自己这种事，绝对不是知性，而是格局很小的小聪明而已。这种只有小聪明的人即使温柔，也无法受到尊敬，只会被人利用。所以，这种人才会觉得自己善待别人，却反而吃了亏。

没有任何私心，而是发自内心的温柔时，才是充满知性的温柔。只要是充满知性的温柔，都不可能被人看轻。因为别人知道这种温柔就是"气质"。

5 因为没有能够深信或赖以为生的事物

大部分人都要依赖很多东西而活。有的人是金钱，有的人是学历，有的人是出色的美貌，有的人是地位，有的人是信仰，有的人是富爸爸，有的人是好品味，有的人是好歌喉，有的人是打动人心的说话术……这些也可以称为自尊、执着、自我。

但是，如果你没有任何引以为傲的资质，那么修炼气质是你找到自我的捷径。因为即使没有执着、既有观念、各种装饰品、利害得失，气质仍然存在，事实上，只有摆脱这些东西，才能展现气质。

一旦拥有任何东西，就想要一直拥有。一旦曾经拥有过，就会产生执着，为了一直持有，凡事就会以自己的利害得失为前提。一旦想要保护自己的利益，就容易伤害到他人，也容易做出错误的判断。

拥有气质，就是不必再拘泥于个人的利害得失。

因为谁都知道，视钱如命的人的所作所为，和视金钱如粪土的人相较之下，当然逊色许多。徒有财产却没有气质的人，比起没有财产却有气质的人要逊色很多。

如果现在一无所有却想要有所信仰的人，不妨试着否定所有想要拥有的东西。比如，不想成为有钱人，不希望只有自己一个人幸福，不希望成名，认为愿望无法实现是理所当然的……

那有什么可以取而代之呢？如果想不到任何事，未免太消极了。比方说，想要成为一个心存感恩的人；想要成为一个舍弃小我、对他人有帮助的人；想要成为一个抛弃个人利益、尊重他人的人……

与其试图保护不确定的、可能会消失的东西，不如积极发现坚强的自己。唤醒你内心的气质，进一步加以锤炼，才能真正保护你。

成为气质淑女的方法

只要看某个人一眼，我们就能感觉出对方是否有气质。就算看不出来，通过之后的交往，也能感觉出对方是"有教养的人"。

相反，第一眼感觉对方是穿着得体、言辞优美的儒雅人士，但交往之后也有可能发现"一点儿气质都没有"。

"气质"，究竟是什么？

我们通过什么来判断对方是否有"气质"？如果能分析出

左右我们判断的条件……这
就是本书的由来。读完本书，
虽然不会立刻气质加身，但
只要您想成为有气质的女人，
在未来的岁月里，继续以本
书为范本，我敢肯定，你一
定会成功修炼出自己的气质。

　　书中的气质修炼的基本
原则是以人类行为学为原理，
我们从气质的具体表现形式
中精选出了容易掌握，并且
常作为判断是否有气质的标
准的内容。

　　它们并不是从衣食住中

均衡选择的，而是从实践出发，认真详细地采纳了不同人的眼光、注重的方面、言行举止的要点等。

但是，无论是"形"还是"物"，都是表现在外的，我们的目的是"心"。是人的品性。那么，什么是"心"呢？

社会地位高的人，对任何人都会非常礼貌而亲切。没有教养的人或者暴发户，则会行为粗鲁、无礼、傲慢。

尤其是在欧洲，贵族阶层的人会对自己的尊贵的身份负责，从小就被教育成礼貌而亲切的人。

因而，无论过去还是现在，对任何人都礼貌而亲切，正是有气质的表现。

江户时代末期到明治时期，来访日本的大多数欧美人都感到同样惊讶，在日本，无论多么贫穷的农民，见到不认识的欧美人，都会对他们礼貌而亲切。

无论多么贫穷的人，也不会表现出粗鲁，即使对不认识的人也不会漠不关心。这是当时的日本人身上天生就具备的气质。正如"天知地知我知"这句谚语所说,过去的人经常挂在口头上的话是,就算谁都不知道,天上的神灵总会知道的。

礼貌而亲切,正是这样一种自觉,好像无论何时都会有人在看着我们。即使没有人看到,也要严格要求自己,要自律,就是所谓的"慎独"。这就是气质的核心所在。

LESSON 5

举止 Manners

Rule31

驻足问好

在路上遇到比自己地位高的人要打招呼，是人人都应遵守的规则。但是，大多时候人们都只是边走边低头、低头的同时勉强地挤出一声"早上好"。

（但是，因为现在连这种招呼都不打的人数量猛增，所以这样的行为都有点难能可贵。）

真正有气质的表现是，停下脚步，双眼注视对方，说出"早上好""您好"等问候语，再低头行礼。

重点在于驻足。

在如此匆忙的快节奏时代，驻足总让人觉得是慢条斯理，但这正是气质的表现。

另外，低头的角度，请控制在 45 度到 60 度之间。如果大于 60 度，就会变成商店的店员。而微收下巴、深深地低下头去，又会变成道歉。

臀部向后凸起、上身向下弯曲，头到腰部保持在一个水平线上，这样的鞠躬才漂亮。

Rule32

对陌生人也要默默地行礼

在自家公寓楼和大公司里、学习场所和孩子的学校等地、见面会和聚会上，一般人都会和认识的人点头致意。而拥有气质表现在，即使面对不认识的人，只要知道对方和自己有某种关联，就会点头致意或者默默地行礼。因为他们认为只

有这样，对方和自己才会保持好心情。

但在现实中，有人认为，在上述场合下，随意和不认识的人打招呼并不是善意之举。除非先打招呼的人是 70 岁以上的老人。而随便和什么人都自来熟的也未必是气质美女，而是大妈。

在某些场合，有的人对看上去像是一起学习的人点头致意，对方可能会感到惊讶。对他们来说，可以随意打招呼的熟人是指能大声聊天的人。

现实生活中确实存在这样的"社交"，但最好不要参与到这样的"社交"中。

Rule33

一次只做一件事

行为举止，是在长期的习惯中自然培养出来的，并不是一朝一夕就能练就的。所以，无论你怎么通过杂志来学习漂亮的仪态都无济于事……

现在，我们来讲一下成为气质美女的珍藏版秘籍，学习一下优雅举止的基本功。

秘籍就是，一次只做一件事。

走路的时候不鞠躬行礼，而是驻足鞠躬行礼。不是边走边转动门把手，而是停下脚步站定后再转动门把手。不是带着杯托将茶杯放到桌上，而是先将杯托放到桌上后，再将茶杯配套放在杯托上。

很明显，这是和端着茶杯走路、用脚咣当一下关门、咣一声把茶杯放到杯托上完全相反的举动。

一般情况下，工作麻利的人，不论男女，都会同时做两个甚至两个以上的动作。这也没什么不好，但想让自己表现得有气质，一定要一次只做一件事。

Rule34

双手递接

前面讲到的同时做两件甚至两件以上事情的人，是因为一次只做一件事情的时候会有一只手空着。左手（使用右手更为方便的时候）该怎么办才好？那就把左手放在右手上吧。

如果你要移动借来的昂贵餐具，你会怎么做？大概会两手轻轻地拿吧。

同样，如果不是昂贵的物品，无论多小，都要用两手拿。如果是非常轻的物品，将另一只手搭过来即可。总之，要用双手。

这是因为，无论是什么物品，都要用行为举止来表现出自己对这个物品的重视。

如果你突然要到一个非常正式的、需要举止端庄的场合，请一定记得用双手递接物品。

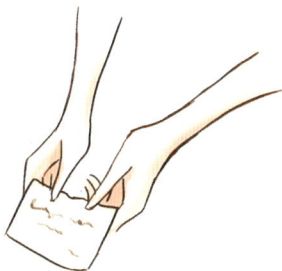

Rule35

不发出声响

一般人都知道使用刀叉时不要发出声响、关门时不要咣当一声。而如果要表现出气质，最好在关门、挪动椅子、放餐具时统统不发出任何声响。

花时间养成不发出声响的行为习惯，自然就会变得举止优雅。

走路时拖鞋不要发出啪啪的响声；搬的东西很重时，在将物品放到地面之前要轻放；门还没有关之前手不要离开门

把手，一旦搬起椅子就要搬着直到放

下……一旦做了某一个动作，就要妥善

完成。

　　另外，不能发出大的响动，说话自然

也不能太大声。最完美的就是，说出的话

只有听者能够听到。

Rule36

无论发生什么，都要遵守约定

遵守约定，是教给 3 岁小孩子的，将守约作为气质的规则介绍给大家看上去很无聊，但这也是必须要做的。因为在现实中难免会出现不守约的情况。

所以，认真守约，只要做到这一点，就会让你的气质提升一步。

约定有很多，一般有相约见面的时间、承诺完成某事的期限、归还所借物品的时间等等和时间相关的约定。总之，守时和

不超过规定期限才是有气质的表现。

特别是不能迟到。迟到，是为对方考虑欠佳的表现。很多时候，与其说是大家不守时，倒不如说没有讲清楚见面的时间和地点更为贴切。如果是朋友之间倒还好说，如果是比自己地位高的人，又该怎么办？

关键时刻失约暂且不论。有时是因为生病等不得已的理由，但无论是什么理由，屡次失约的话对方也会不高兴。你肯定会被认为是不靠谱的人，会被看作不具备自我管理能力的人。

守约吧。对于不能遵守的约定，请慎重思考后再做出决定。

LESSON 6

对话 *Dialogue*

Rule37

用"抱歉，打扰到您"代替"谢谢"

如果在路上有人给你让路，有人帮忙捡起掉在地上的东西，即使是没见过的陌生人，这种情况下必须表示感谢或者因给人带来不便表示歉意。这些都是做人的基本礼貌。

那么，如何表示感谢和歉意？你的表达方式将决定你是怎样的气质。

一般人大概会说"谢谢"或者"对不起"。比如，在商店里对店员说的是"谢谢"；有人帮忙捡起东西时说的是"谢谢"；电车中踩到别人的脚时说的是"对不起"。

这种情况下，气质美女会说"抱歉，打扰到您"。开口说话时会说"抱歉，打扰了"，有人劝茶时也会说"抱歉，给您添麻烦了"，有人恭维自己的时候依然会说"承蒙您夸奖，感到歉意"。

"谢谢""对不起"这样的词汇，应该从你的字典中消失。而且，要相应地加入"抱歉，打扰到您了"。

Rule38

"谢谢您"代替"谢谢"

在几个气质美女的用词中，如果要选出三个，一个就是前面讲到的"抱歉，打扰到您"；另外两个就是"谢谢您"和"我"。

"我认为"代替了"我想"。比如，"我认为是这样的""您过得还好吧"这样的表达。

其中，用得最多的是"谢谢您"。"谢谢"是出于"我认为值得感谢"的说法。"您"则是出于对对方的尊敬。

所以，有人认为，无论什么情况下，只要加上"您"就会给人以被尊重的感觉。

Rule39

多说"您""请"等敬语

多用敬语。

以"您"开头，后面自然而然可以使用礼貌用语，顺理成章。例如，"您还好吧""我给您打电话吧""您请"等。

另外，万事"请"字开头，自然显示出了对对方的尊敬。例如，"请问……""请进""请您收下我的一份心意""请您在八点的时候到公司楼下等我"等等。

Rule40

亲近的人之间也用敬语

一般人都知道对比自己地位高的人要用敬语（但是现在不用敬语的年轻人数量猛增，所以如果能对比自己地位高的人用敬语，就足以证明您是位有教养、懂礼仪的人）。

而真正有气质的人对自己的亲人也会自然而然地使用敬语。如"周末，您是怎么安排的""您能来，我真是太高兴了"等等。

如果是为了抬高自己而言辞优美，也只会显得不自然。

但是，如果是尊重对方而言辞优美，那就很好。

因此，为尊重对方而使用敬语，这一点非常重要。

Rule41

远离谣言

如果不重视说话的内容，无论言辞多漂亮，都会有损气质。因此，凭空捏造的谣言就成了气质对话的第一禁忌。女人之间的矛盾大多是因为男人（有孩子时也可能是因为孩子问题）、无所不在的嫉妒或者是盲目听信的谣言。

而散布谣言的人，总有一天会被人散布谣言。

即便如此，还是会有人出于强烈的不安和恐惧，病态地去散布某些不符合事实的谣言。面对这种人，如果你装"好人"、

一味地迎合对方，你也会在不知不觉间被认为是谣言的编造者。君子不立于危墙之下，气质女人也应该远离谣言。如果对方要求你附和谣言，就要装作没听到，或者说声"是吗"而改变话题。然后说句"我突然想起来还有点事"，马上离开是非之地。

Rule42

不极力主张批判

一般人都知道，不要说别人的坏话。而要做到有气质，不仅不说别人的坏话，也不会说政治和社会的坏话。

这并不是说不能有批判的观点，但你不能信口开河想说什么就说什么，不要想着去炫耀自己的聪明。

众所周知，说坏话时、极力批判时，人的表情是狰狞的、是不漂亮的。

"世界是这样的""所以我觉得……"，你可以用这种建设性的口吻。

Rule43

谈话内容多为绘画、书、音乐和喜剧……

如果不能随意批判朋友、娱乐圈、政治和社会，到底可以谈什么？书、电影、戏剧和音乐的话题怎么样？美术展览、芭蕾舞、能剧和歌舞伎等话题都可以谈。美食、园艺、插花等也非常好。

聊天的最佳话题就是爱好。除以上爱好之外，素描、水彩画、乐器、刺绣等等也是很好的爱好。有气质的女人，就应该拥有一项适合自己的爱好。

之前没有这类爱好的人，以此书为契机，现在开始寻找适合你的爱好吧！每一种爱好都是通过意外的小小投资而收获优雅气质的好方法。

LESSON 7

着装 *Dress*

Rule44

戴手套

戴帽子曾经是上流社会的标志，这里面也有各种各样的规则，但现在除了皇室的人之外，大家为了防寒、防晒或者因为时尚而戴帽子，尤其是是年轻人佩戴帽子的越来越多。

但是，希望大家知道，带帽檐的帽子可能会给他人带来麻烦，在室内或者

电车里戴这样的帽子会因为撞来撞去影响到别人。

因此，我建议女人戴手套。冬天，手套可以防寒，谁都会戴，但对于一些爱美的女人来说一年四季都应该搭配合适的手套，这样可以保护手的优美外形。

手套和服装搭配，也是一件非常快乐的事。女人们自然会沉浸在不同搭配的乐趣之中。外出时，也绝不会让自己的双手裸露在空气里。

在用餐的场所和做客的地方，适时地摘下手套，和包一起放在自己的身边。而对于露出手指、长度达到肘部的长手套，即使不摘下也不会违背礼仪。

Rule45

时髦是件棘手的事

时尚达人一直都会选择时尚前沿的流行款式。但不赶时髦却是气质女人的原则之一。她们打扮得漂亮，却不是时髦，有节制、低调才是她们的作风。

换言之，有气质的女人就是不盲目追随时尚潮流、不标新立异。

因而，和花时间费心思地搭配上下衣相比，套装才是最合适的选择。颜色，也要选择不会给人留下强烈印象（即就算经常穿不同颜色的衣服也不会引起任何人的注意）的自然色系。

时尚达人若是想要展现出气质的一面，为了达到给人眼前一亮的效果，拥有一套卡其色和米色的上等品质的套装是再合适不过的选择。

但是，搭配流行于时尚前沿的、让人一眼就能认出的名牌包和鞋子，并不是有气质的表现。

Rule46

驼色、卡其色、白色

颜色，分为上流社会的颜色和平民的颜色。例如，欧美国家，黑色外套就是平民的外套，驼色外套才是上流社会的外套。

对日本人来说，驼色和卡其色属于难以驾驭的颜色，但对气质女人来说，就一定要选择这两个颜色。不仅仅是外套和上衣，围巾、钱包等单品也可以选择这两种颜色。

白色和深蓝色的搭配，是适合所有日本人的颜色，所以就

成了表现穿衣人品味的颜色。为了表现气质，努力习惯白色衣服吧。

　　白色很容易脏，因而经常穿着洁白服装，一尘不染，就成了气质美女的标志。

Rule47

保养鞋子

请时常保养鞋子，并保证穿着的鞋子整洁而有型。为了穿得更长久，请不要每天都穿同一双鞋子。如果非常喜欢某一款鞋子，也可以买两双同样款式的鞋子。

不一定要选择最流行的鞋子，因为不穿流行鞋子才是有气质的

表现。选择和自己服饰、脚相配的鞋子，选择制作精良、款式朴素简单、品质上乘的鞋子。

鞋跟不粗不细、高度在四厘米左右的浅口女鞋是最佳选择。另外，卡其色和黑色都是百搭的颜色。

但是，这种类型的鞋子，一旦选错，就可能会有损你的气质，变成大妈风格，所以选择的时候一定要因人而异。另外，也有人特别注重鞋子的品牌，只选择意大利产和法国产的鞋子。

精心爱惜我们所用的物品也是气质的一种表现，对待鞋子也不例外。如果你走路方式讲究，鞋的损耗很小，那么每双鞋子都会非常耐穿。

Rule48

扎起头发，做美容保持靓丽肌肤

虽说发型最好能和脸型以及发质搭配起来，但搭配也有规则。一般头发很长的称为水系，超短的发型称为朋克系。而气质美女一般以中长发为标准，或者是长度达到肩膀位置的齐肩发，或者把长头发挽成小小的西式发髻。

认为自己脸大的人，请拿出勇气，露出自己的额头吧。

妆容当然首选自然淡妆，即不浓妆艳抹也不素颜。也不使用假睫毛和眼线。请设想一下，你的发型和妆容不是为了让年

轻男子有好感，而是为了让住在山边的老太太也能产生好感。

相比化妆，更要重视肌肤的保养。不仅是脸，还要认真地保养脖子、手、腿和脚。不是为了赶时髦，而是把定期去美容院当成一件必须去做的重要的事。

头发也一样，要定期到美发沙龙进行保养。

手和指甲也需用心保养，但肯定不会去做美甲。

Rule49

首饰和珠宝随意

简单而正统的服装，配上不夸张、设计出众的首饰，看上去会非常高贵。

优雅的女人喜欢首饰，尤其是胸针。

有气质的女人大多使用的是真宝石制成的高端品，但有的气质美女也能熟练驾驭塑料和玻璃等制成的首饰。

因而首饰的价格不是决定性的。看上去价格昂贵的珠宝饰品会因为过于显眼而被认为是"有钱人"。佩戴流行的品牌货，会被认为是"时尚的狂热追求者"。

无论前者还是后者，都不算有气质。

拥有价值昂贵的珠宝饰品确实了不起，但如果今后还打算购买，就到正规商场购买带有鉴定书的珠宝饰品。而不要通过认识的销售员、以贷款的方式购买。相比品牌洋装，首饰能起到的作用更为长远。

但是，勉强购买肯定不合适。因为，宝石强烈（甚至残酷）地要求佩戴宝石的人的"格调"和宝石的"格调"要完全匹配。地位稍高的人更适合佩戴首饰（如果连自己身份都搞不清楚，那也只能是个一般人）。

LESSON 8

礼物 Gifts

Rule50

归还借来的东西时，准备点小礼物

一般人都懂得借来的书要归还。问题是怎么还。最近，年轻女孩多通过各种社交网站交往，借书的情况越来越少。所以借书，可能也只是极少数爱书的人之间的交往方式了。

还书时，如果加上手绢和曲奇饼干就有些夸张了，恐怕借书的人反而会觉得不好意思。与此相比，送上手工制作的干花书签或稍显珍贵的书签等，既不夸张又不造作，非常合适。

归还伞和手帕等物品时也是一样。折叠得和借来时一样整

洁漂亮，再加上一小块巧克力等，上面贴张写有"那时多亏您的帮助"等感谢语的卡片就很好。

　　当然，有气质的人一定不会选择便利店里卖的那种巧克力。

Rule51

送礼时要送出众的上等品

　　送人礼物时，一般人会优先考虑花费，而有气质的人会优先考虑什么样的礼物适合对方。并且，无论送实用物品还是装饰品，都会选择优质的上等品。

　　即使所选礼物价格高得让对方和自己都难以承担，也不会降低标准来选择同类的礼品，而是重新选择其他类的礼物。这点非常重要。

也就是说，不会向价格妥协而购买廉价的围巾，而是会以同样的价格购买几块对方能接受的手帕。但前提是这种上等质量的手帕要适合对方。

总之，只选择对方能接受的礼物，考虑礼物是否适合对方。这一点同样适用于季节赠品、生日礼物以及结婚礼物的选择。

这样一来，渐渐地大家会认为"她送的礼物都非常好"，假如收礼物的人对收到的礼物并不了解，也会觉得"她送的，一定是好东西"，同时这也是在夸奖收到"好东西"的自己。

因此，送出众的上等品，让对方觉得送的不仅仅是礼物，同时也是在夸奖收到礼物的自己。

Rule52

送礼物时要用漂亮的彩带加以装饰

送礼物时，一般人都会在百货店和商店给礼物系上彩带加以装饰。有气质的女人，除此之外还会装饰上拥有自己风格的漂亮彩带。彩带可以是自己手工制作的，也可以是买来收藏的……无论送人什么礼物，都会装饰上漂亮的彩带。就像书和CD，相比用老套的包装纸包装，有时单用彩带装饰会更漂亮。

为了送礼物时有更多装饰选择，平常就要收集各种喜欢的彩带。

首先，准备一个漂亮的箱子，将收到的礼品或者买来的物品上系的彩带收集起来。当然，如果碰到了喜欢的彩带，也可以买回来收藏。

这样一来，不知不觉间就会收集到各种漂亮的彩带，收集的过程也会充满乐趣，各种漂亮的彩带放在一起，洋溢着满满的幸福……如果做到了这些，拥有气质将不再是一纸空谈。

Rule53

在礼物上配干花束

在生日和结婚纪念日等特别的日子里赠送昂贵礼物时，一般人都会将礼物包装好，或者系上彩带，再欣然奉上。而有气质的女人，则会加上干花束和小卡片。

在日本，自古就有的"情趣"一说，是指在赠送礼物时加上精心准备的花束这一习俗。加上干花束就是在遵循这一习俗。

干花束可以是手工制作的真干花，也可以是风干后的上等玫瑰花，非常简单。此外，还可以使用市面上销售的干花束。

Rule54

送给来访者的小礼品

一般人都知道，受到宴请的一方会带点小礼品。而有气质的女人，会让自己招待的客人带走点小礼品。

这不是婚宴的还礼，所以不需要是什么夸张的大礼物，以免让对方觉得受之有愧。比如，当天的料理中受到客人好评的手工色拉调料、果酱、

曲奇饼干等，用漂亮的包装包好，请客人带回，这样的方式就很好。

提前备好手工做的蜡烛、卡片、筷子袋等小而美的小礼品，或者买好现成的小礼品，突然有客人来访的时候，可以用来表示对对方来访的感谢。

对带着小朋友的客人，将围好的适合小朋友的小布偶、折纸或笔等交给对方，对方也会感谢你的这份用心的。如果你没有孩子，就更应该这样做了。

练习、练习！送礼物也需要练习！

在计划好的时间里将精心准备的礼物送上，是一项高超的社交技能。

想要熟练运用这项技能，只能练习。送上礼物，观察对方是否真的高兴，边看对方的反应边抓住重点。

自己喜欢的、认为不错的礼物，足以表达心意，就找机会送出去吧。

即便是自己的东西，在客人赞不绝口并声称也想拥有的时候，将它送给对方也不算失礼。

LESSON 9
書信 Letters

Rule56

感谢信用钢笔写

在这个邮件盛行的时代，手写书信的行为已经成了良好教养的象征。所以，和过去不同的是，当收到某件礼物或者承蒙关照的时候，马上书写一封感谢信，也是有气质的一种表现。如果能用钢笔书写，就更能彰显品格的高贵。

不仅仅是感谢信，有气质的人还会用钢笔写书信、贺卡、感谢卡等。现在，只有在写履历书时才会用到钢笔。正因为如此，钢笔书写就成了气质高雅的标志。没有钢笔的人，现在赶

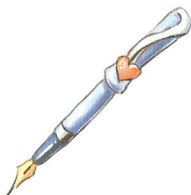

紧去文具店吧。

　　另外，墨水的颜色要选择黑色或者蓝黑色。不要选择明亮的蓝色。切记不能和圆珠笔一个颜色。

Rule57

明信片、便签、信封用素色

　　一封感谢信，一张明信片或者便签，就能透露出书写人的性格、品行等底细。和适合使用个性信封、信纸的高中生不同（虽然现在的高中生都用LINE[1]），气质高雅、品味出众的人往往会选择正统而优质的（即价格比较贵的）素色信封、信

---

1. LINE：海外流行的在线聊天工具，相当于微信。——译者注

纸。西洋风的信纸有意大利制的白色或者淡奶油色，和风的有白色。如果选择和风，也可以选择画有格线的。即便字写得稍差，看上去也会显得很好。明信片也一样。

　　带花纹的明信片也可以，但只限于自信十足的人。一般来说，同摩登的花纹设计相比，传统的花纹设计更适合气质优雅的女人。

Rule58

私下练习钢笔字

谁都知道，字的好坏和聪明程度不成正比，而且和样貌美丑也没有关系，但看到写有漂亮字体的书信和笔记，就会下意识地认为写字的人聪明、美丽，真是不可思议。

读信的人至少也会认为对方是有教养的、受过良好教育、品格高尚的人，自然也是气质优雅的人。

这一点并不是毫无依据的编造。漂亮而书写认真的字，让人读起来省心省力，这也是为读者着想。为他人着想是成为气质女人的重要条件之一。

（但是，错别字或漏字超过两处，季节问候或者敬语的用法用错一个，无论你的字写得多漂亮，也会被看成是没有教养的人。）

因此，有教养但字写不好的人，从现在开始练习钢笔字吧，而且要认真地写。写不好却能得到谅解的只有当红作家、出类拔萃的美人或总经理式的职场成功女性。

Rule59

感谢信用简洁而夸张的感谢表达

　　写感谢信一定要简洁，表达感谢的话要适当夸张一些，才会让对方感觉到你真诚的谢意。以下面这封感谢信为例，给大家作参考。

　　首先致以我深深的歉意。

　　这次承蒙您为我们选书，在此

表示衷心的感谢。不愧是礼子大人，真是深藏不露，我们感激不尽。对您的鉴赏能力佩服得五体投地，真是无以言表，我的任何赞美都表达不了我内心的敬佩之情。

今后若能得到您的指导，真是三生有幸。若有我们能为您做的事情，请一定不要客气，我们一定竭尽所能为您效劳。

鉴于这种时节，请多多保重。

KASIKO

《淑女的规则》的编辑

用纪念邮票寄信

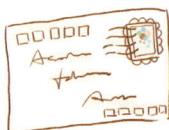

和常用的邮票相比，纪念邮票一般都经过了特别的设计，非常精美。使用这种特别的邮票会给收信人留下更好的印象。所以，选择邮票时，只选择纪念邮票。

幸运的是，差不多全年都能买到纪念邮票。从小孩子喜欢的角色系列邮票到运动系列、复古系列等等，卡片的类型也是多种多样。难得写信，花点心思贴上一张迎合对方爱好的邮票岂不是很棒？

LESSON 10

做客和待客 Inside

Rule61

在拜访地，将鞋整齐地摆放在边上

在拜访地，一般人都会把鞋脱下摆放整齐。但是，如果将鞋子堂而皇之地放在玄关地板的中央，是不是会省去主人重新摆放客人鞋子的工夫？主人会不会感到开心？

事实正好相反，整整齐齐摆放在地板中央的鞋子正好暴露了客人不懂礼貌的底细。即使客人穿着的是保养得当的马洛诺，也一样会有失她的气质。

有气质的人绝对不会忘记将鞋摆放到一边。不是放在玄关地板的边上，而是放在和地板垂直的墙壁一侧的边上。

　　而且，脱鞋的同时向右转，边脱边将鞋子摆好的做法是错误的。客人应该将鞋子脱下后，再蹲下把脱下来的鞋子整齐地摆放到边上。

　　这时，一定要记着，不能翘起臀部对着出来迎接的人，而应该斜着身子蹲下。

Rule62

脱下外套，伞放在室外的角落

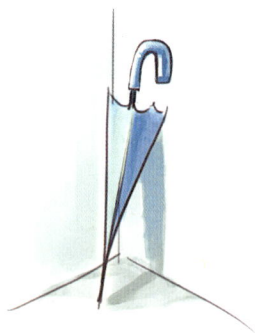

在拜访地，应该在门外脱下外套之类的衣服，告辞的时候，主人讲"这边请"时，就应该到门外穿外套之类的衣服，而不是在门内穿。这也是最基本的礼仪。如果主人没有要求，无论是多么昂贵的名牌伞都不能自顾自地放到伞架上，而应该放到门外的角落里。

两种情况都是考虑到不能把外面的脏东西和雨水带进拜访地的房子里。同样，进入房间后，不要随意把包放到桌子上。即使你的包比桌子还要昂贵，也不能这么做。

在购买包、伞和外套时，至少要保证三者的价格品质等处于同等水平。

Rule63

做客时穿短外套或者连衣裙

即便是简单的饮茶，有气质的人也会穿正式服装出席。这并不是为了让自己更有魅力，而是为了表达对邀请者的敬意以及受到邀请而感到高兴的心情。

因而，不要太夸张，也不要太华丽，也不要穿着过于暴露的衣服。相比开襟的毛衣，选择短外套、优质的连衣裙更能体现出优雅的气质。

因为来访的客人身着外出才会穿的较正式的服装，所以待客的一方，也应该穿可以相匹配的衣服来迎接客人。最好是罩上轻盈的外套，这也是有气质的一种表现。

Rule64

做客时忍着不去卫生间

借用卫生间时，一般人都会说"用一下洗手间可以吗"。

在不是特别亲近的人家里做客时，最好不要借用卫生间。而且，像去媒人家请求帮助、去探望恩师、到上司家里拜访、去拜访比自己地位高的人，都要事先去公共卫生间，而不借用对方家里的卫生间，这是最平常的礼仪。

真正做得严谨的人，会从前一天开始控制饮水量，以保证不会借用卫生间。

Rule65

如果要借用卫生间，请带着手帕

恪守不借用别人家的卫生间的原则当然很好。但是，如果停留时间达到数小时，总有不得不借用的时候。即使这样，也要保持自己的形象，遵守以下三个要点：

首先，带着擦手用的自用手帕。

其次，要用手纸将洗手台以及溅到周围的水滴擦拭干净，即不要留下使用过的痕迹。

最后，一定要盖上马桶盖后再出来。即使使用之前没盖盖

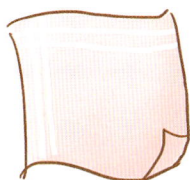

子，也一定要遵守这一点。另外，手纸边不要折叠成三角状。

三角状是打扫完毕的标志，而不是为了让下一个人用着方便。

Rule66

垃圾随身带走

一般人都会把垃圾扔到垃圾桶。另外，最近日本实行了一条新规则。家用垃圾不能扔到车站和公园的垃圾箱。

有气质的人一般都会将自己制造的垃圾带回家处理。也一定不会问出这样的问题："不好意思，请问垃圾桶在哪里？"

手包中一定要悄悄地放上装垃圾的小纸袋或者塑料袋。

另外，一些很周到的女人，无论去哪里都会带着收纳能力惊人的手包，里面放有小袋子以及后面介绍的三块手帕、笔记本、为防突然下雨的折叠伞等。

因为要准备得非常周到，所以

要求手包必须具备较强的收纳

能力。

Rule67

三种手帕

从小学开始，我们就应该知道，出门要随身携带手帕、纸巾。但事实上，不只是男人，有的女人也会不带手帕，而是跟别人借，或者偷偷地在头发或者衣服上擦一下，也有很多人会用路边的公用纸巾。而有气质的女人会随身带着手帕，当别人需要的时候，可以随时拿出来。以此也足以证明你的精致和用心。

有气质的女人会随身携带三块手帕。第一块实用，用来擦手。第二块装饰用，需要遮眼和掩嘴时迅速拿出来。装饰用的手帕配有白色蕾丝，再喷上沁人心脾的香水。

最后一块，礼节性使用，递接东西时可用来表示礼貌。借给别人东西并告诉对方不用还的时候就需要这块手帕。借东西的人，看到你的用心，定会感叹气质非凡。

但是，如果手帕脏了、满是褶皱，则会给人完全相反的印象，不仅不会为你的气质加分，反而会令人反感。

Rule68

随身携带笔记本和笔

随身带着笔记本，是职场人应该具备的习惯，但有气质的女人在工作之外的场合也会带着笔记本。

她们携带的笔记本往往颜色漂亮、质地优良，多是皮革封面，并且个头很小，携带方便。

为了不错过任何一个约定，为了严格遵守约好的时间，或者为了随时记录突发的灵感，气质优雅的女人无论走到哪里，都一定随身携带一款方便而精致的笔记本。

而且，有人需要记笔记的时候，也可以从自己的笔记本中撕下一张，和笔一起递给对方。

当然，她们从来不会选择设计夸张、个性张扬的笔记本。和笔记本一起的笔，也会精心挑选。圆珠笔自然不合适，纤细的银色笔等能突出个人品味的笔才是最佳选择。

Rule69

感谢电话和感谢明信片

在聚餐或茶会等招待多位客人的情况下，招待的人中谁有气质谁没有气质，很快便会有答案。有气质的人回到家后，会马上打来感谢电话，并且共同分享和回味度过的快乐时光。

如果没接到对方的电话，主人会觉得怪怪的，但第二天就可能收到对方寄来的感谢明信片。收到明信片，会对对方更有好感。

而且，感谢的电话会非常简短。因为她会想到，别人也会

打电话来感谢主人的盛情款待，并且主人会因为整理聚会后的残局而有点累。

　　想好好聊聊的、关系比较亲近的客人，则会在两三天后，再打电话来慢慢地表达自己的感谢之情。

Rule70

房间里永远放着鲜花

打扫房间、整理房间，是每一个人都会做的事情。但在气质女人的要求里，不仅仅要打扫整理房间，房间里还要有鲜花。

她们不一定会选择价格昂贵的鲜花，但在她们的房间里经常都能看到鲜花。

并不是因为有客人来才用鲜花来装饰房间，而是为了以备不时之需，突然有人来访时，不至于手忙脚乱。

从房子的建造到内部装修材料、窗帘、家具、照明以及室内陈设，通常不会选择一般材质。她们选择的物品一般会满足三点，①尽量减少物品数量；②选择玻璃、不锈钢等容易保养的材质，③鲜花要用插花。这样一来，整个房间看上去都会无比精致。

插花，不仅为空间添彩，也会为居住在里面的人以及插花的人的心灵添彩。只有居住在里面的人心里宽松、惬意时，鲜花才会起到锦上添花的作用，才能为主人的气质加分。

Rule71

卫生间、洗脸台，客人用的毛巾

和鲜花一样，气质美女居住的地方不可缺少的另一件东西是，客人用的毛巾。

洗脸台和卫生间里，除了家人用的擦手毛巾之外，还需配套放置几块客人用的小毛巾。客人用过之后，就要放到专用的毛巾收纳容器中。

最好不要借用主人家使用的毛巾，但现实中很多家庭并没有准备客人用的毛巾。前面讲过如果拜访时需要借用卫生间，需要带着手帕，以便应对主人家没有准备客人用的毛巾而无法擦手的情况。

餐具和纺织物品上的首字母

有气质的人会非常在意首字母。也会选择带有首字母的信纸、笔记本、手帕、钢笔。

与其准备个性十足的名牌餐具，不如准备加了首字母的优质而朴素的瓷器和玻璃器皿。如 K 或者 H，只要是名字的第一个字母即可。

纺织物品也是如此。单人餐垫、餐巾、各种毛巾……尽量加上个人或者家庭的首字母。

无论在哪里，我们都很难见到加上名字的餐具和纺织品，但 Baccarat[1] 等高级商品倒是有可能。你可以试着到专卖店和商场找一下有属于自己首字母的商品。

---

1. Baccarat，巴卡拉，法国顶级水晶品牌，被誉为"王侯们的水晶"，只有巴卡拉的产品才有资格出现在皇家的餐桌上。

银质刀具，而且要纯银

汤勺、叉、刀类，都要尽可能使用纯银材质。如果茶杯里放上纯银小勺，气质会立刻彰显。

不是为了让自己看上去像个富豪，而是为了能长久保存并使用，为了让客人感到贵宾般的待遇。

与名牌包和名牌礼服相比，这些餐具算不上昂贵。寻找可能即将停产的、质量很好的设计产品，一点一点买入就可以。

一般人即使购买了这样的银质餐具，也只会在招待客人时才拿出来用，而平常生活中用的不过是不锈钢等普通材质的餐具。而真正的气质美女会购买少量的高级餐具，无论待客还是自己的日常生活中都会选择高级的银质餐具。只有平常也使用高端刀叉餐具，才会自然而然地掌握优雅的用餐礼仪。

LESSON 11

外出 Outside

Rule74

入住和日常生活水平相同的宾馆、
在同等水平的饭店就餐

　　旅行，特别是海外旅行，很多
人认为仅此一次而选择了在国内绝
不会入住的超高级酒店，预定了超
高级饭店。

　　结果，却做出了不合礼仪的行
为举止，他人看着痛苦，自己也会

因内心难以放松而无法充分享受服务，最后只能是出了高价却感到不舒服。

如果你想去海外的超高级饭店、宾馆，首先在国内也应该去同等水平的地方。

如果在国内都没有闲暇去这种地方，到国外又怎能选择这种高级场所呢？

请选择适合你现在的"水平"的场合。即使是海外旅行，也要选择同等水平的酒店和饭店。

如果到了国外的高级场所会感到不适应，就相当于拔高你的日常生活"水平"了。常常轻松自在地到这种高级场合，自然而然地融入周围的气氛中，自身的气质也会在不知不觉间得到提高。

将本书中讲到的各种建议付诸实践，学习适合这些高级场合的说话方式、行为举止、服饰搭配方式等等。还要多观察周围人的样子，学以致用，提高自身气质的道路不会太远。

Rule75

穿合适的服装

　　在旅游的地方，别人会根据你的服装以及随身携带的物品对你做出相应的判断。如果你身着昂贵的服装，就要做出符合身份的行为举止。如果你使用的是一眼就能看出来的名牌包包和钱包，却做出与此不匹配的行为举止，就可能被人认为是暴发户或者假装有钱人。相反，也有人会和学生的免费旅游一样，身着普通的外出服装，质感粗糙、脏了照穿不误，一副习惯旅行的模样。这样的着装，同样不适合出入高档酒店、餐厅

等场所。不只是旅游地，即使在国内，也是不符合礼仪要求的。不合适的服装，只会令你的气质大打折扣。

总之，在旅行的地方，穿着不要太显眼，相对周边的环境而言，身穿的服装不要有突兀感。尤其重要的是选择合适的服装以及做出和所穿服装相配的行为举止。

Rule76

擅于接受服务

在高级商场和酒店里，气质高雅的第一要点是，擅于接受服务。在旅游地、外出地，会有很多无须自己动手就能完成的事情。特别是在一些服务周到的高级商场、高级酒店，享受服务，才是气质高雅的象征。

普通人来到这种高级场合，无论什么都会自己找，自己拿，自己打开……因为在日常生活中他们已经习惯了自己做事。尽管这些高级场所已经为客人提供了周到的服务，但他们依然不擅于接受服务，这正是不适应的表现。

在这种高级场所，你应该等着工作人员来为自己服务，或者去拜托他们为自己服务。

但是不要用命令的口吻。尊重对方，正确地表达自己的要求，才是有气质的表现。因为你既不是出国考察的乡下领导，也不是出国考察的众议院议员，命令的口吻非常不合时宜。

尽量用"我想……""能帮我……""麻烦你……""您能否帮我……"等语句来提出自己的要求。

Rule77

"谢谢"不离口

接受别人的服务之后应该怎么做呢？绝不能以为自己是客人对方就应该为你服务，也不能表现出一副傲慢的态度，更不能点头哈腰畏畏缩缩。必须要平静地说声"谢谢"以表示对对方帮忙的感谢。

很久以前，看过根据吉佐和子原著《和宫样御留》拍摄的电视剧。以世人常说的《和宫替玉说》为基础改编而成，由大竹 SHINOBU 主演。本为平民的假和宫只要学会一点，面带笑容说"谢谢"即可。因为真正的皇家贵族不用亲自动手做任何事情，一切均由别人帮忙，但在别人帮忙之后需要说"谢谢"。

穿衣服和入浴如此，有人帮忙拆鱼肉时说声"谢谢"，有人帮忙把鱼肉送到口中时说声"谢谢"……后来，因为过于紧张，她忍耐不住有些松懈，但即使态度松懈后，也依然面带微笑地对帮忙的佣人说"谢谢"，看到她的举止，佣人判断她是真正的贵族人家的女儿，这才拜倒在地。

日常生活中，无论何时，无论多小的事情，都要"谢谢"不离口。无须加上"您"，只要面带微笑地说声"谢谢"即可。

这一点不仅仅是宫大人的标志，也是气质女人的标志。

Rule78

在饭店用眼神打暗语

不习惯去简单的小饭馆和最近风靡的咖啡馆，也没什么可惭愧的。倒不如说，对流行的不敏感，正是气质美女的特点。

虽说气质美女无须常常在外就餐，但无论是在国外的高级场所还是在日本，都必须掌握在高级餐厅和饭店里的言谈举止、用餐礼仪。

点餐时要遵守点餐礼仪，如果不知道点什么，可以拜托同行的人或者店里的人推荐。

当食物送到自己面前的时候，必须说声"谢谢"。

中途或者最后需要喊服务员的时候，应该用眼神交流，等服务人员到餐桌前面后再提出相应的要求。

如果无法用眼神交流，就需要等待服务员方便的时候或直接放弃，不再提出要求。即使服务员没有注意到你，也不能大声喊"服务员"，当服务员在其他餐桌前服务的时候，更不能直接喊对方"这边请加点水"。

如果饭店连这点礼仪都没有，最好永远也不要进入这家饭店。或许，相比这样的饭店，在家里吃会觉得更加美味。

Rule79

在高级商店

一般的商店里，只要购买商品的顾客就会被当成贵宾而受到盛情招待。但在高级商店里，你会因为自己的高雅举止而受到盛情招待，不管你有没有买东西。气质高雅的人会遵守高级商店的行为准则，不擅自触摸商品。即便商品放在自己伸手就能够到的地方，也要询问店员"可以看看这件吗"，并请店员帮忙把衣服拿到眼前。

这样一来，即使你什么也没买，店员也不会介意。如果你进店就触碰根本不会买的商品，将会是非常失礼的举动。

在高级商店买的商品可以要求店里送货上门，或者要求店员帮忙装进汽车的后备箱。一定不要提着有店标的袋子去乘坐电车或公交车。买小商品和便宜商品时，则是另外一回事。

特别是在国外，这一点非常重要。为了防止自己被卷入无端犯罪中（比如抢劫等事件），一定要让商店帮忙送到酒店的房间。

而且，气质美女从来不会购买促销商品，除非很久之前就知道有喜欢的商品上市。但对于喜欢促销品之外的"常售商品"的气质美女们来说，促销品中根本不会有自己想要的物品。

将孩子教育成绅士、淑女

即使你现在还是单身，但为了将来的孩子，也请一定要读完本节内容。

对父母和祖父母来说，孩子很可爱，但对别人来说，孩子只会是麻烦的制造者。即使觉得自己的孩子很可爱，但别人的孩子就会是另一回事了。尤其是带着孩子外出时，请一定谨记这一点，注意自己和孩子的行为举止。

　　和吵闹或者妨碍他人的孩子一样，给周围人带来不愉快的孩子也会招人厌烦。而有的父母会觉得别人也应该和自己一样对孩子的这种行为睁一只眼闭一只眼。但事实并非如此。在家里，孩子是家庭的主角，但在外面却完全不同。

　　欧美的大多数高级餐厅，都不允许 12 岁以下的孩子进入。即使在日本，也有很多餐厅不欢迎不满七八岁的孩子。所以，最好不要带着孩子去这种场合。

　　如果您无论如何都想带孩子去，就请把孩子教育得和欧洲的贵族子弟一样吧。把他们教育成比拙劣的大人更加懂礼仪的绅士淑女，然后再去高级场合。和孩子一起学《气质》吧，这可是教育绅士淑女的好机会。

后 记

有形的事物早晚都会消失，但气质永存

20世纪，我们生活的世界有过经济战争、宗教战争和民族纷争，为了自己的利益，把垃圾丢到其他地方，浪费资源……世界各地的人都争先恐后地让追求自己利益的行为正当化。当下，如果这种状况继续发展，世界到底会变成什么样子？为了人类的未来，我们现在该做些什么？

继《名媛谈吐速成讲座》《名媛规则》后，我带着这个宏大而真切的心愿和期待撰写了本书。我们每个人都必须早日摆

脱 20 世纪的"利益主义",让 21 世纪成为"气质主义"的时代,无论对个人的人生,还是全人类的幸福都有积极的意义。

即使不从这么大的格局思考问题,在当下,以前曾经相信的幸福、成功和安全之路越来越看不到前途,也渐渐感受到学历、大公司、头衔、财产、金钱的价值等所有物质性的东西,在以后未必具有和现在相同的价值。

购买了曾经梦寐以求的欧洲名牌精品后,会发现它们只是"物品"而已,即使拥有这些名牌,也无法

提升自己的价值。曾经符合"三高"条件的丈夫，如今任职的公司财务出现了状况……靠物质和经济建立的梦想和幸福是多么脆弱和虚幻。未来到底该相信什么，到底该如何设计未来的人生……

正因为面临这样的时代，身为一个人，必须具备坚不可摧的"气质"。有形的事物早晚会崩溃、消失，但是，即使失去了一切，气质仍然还在，任何人都无法夺走他人的气质。"气质"是一个人最后的堡垒。

因此，在"从有形到心灵"的系列作品中，本次提到了很多无形的部分，虽然我努力让本书内容富有实践性，但不可避免地，仍然有一些内容很抽象，可能有不少读者觉得知易行难。即便如此，我仍然很希望能够借由此书传达关于"气质"的想法，以及散发出有气质的行为。

身为设计师，随时都严肃地思考产品设计中所展现的气质，日日夜夜都绞尽脑汁思考，如何才能让自己设计的空间有助于提升居住者的气质，设计最能够反映设计师的气质和品格。

如果有更多人能够和我共同迈向气质之路，在这条路上，我将更有信心。

加藤惠美子

献给希望永远优雅迷人的女人

图书在版编目（CIP）数据

气质 ／（日）加藤惠美子著 ；王蕴洁，代芳芳译．
——北京：北京联合出版公司，2015.4
ISBN 978-7-5502-2425-4

Ⅰ.①气… Ⅱ.①加… ②王… ③代… Ⅲ.①女性－
气质－通俗读物 Ⅳ.①B848.1-49

中国版本图书馆CIP数据核字(2015)第078654号
北京市版权局著作权合同登记图字：01-2015-1480

淑女に見える気品のルール 加藤ゑみ子
"SHUKUJYO NI MIERU KIHIN NO RULE" by Emiko Kato
Copyright © 2014 by Emiko Kato
Original Japanese edition published by Discover 21, Inc., Tokyo, Japan
Simplified Chinese edition is published by arrangement with Discover 21, Inc.

气质

[日]加藤惠美子/著 王蕴洁 代芳芳/译

丛书总策划/黄利 监制/万夏
责任编辑/张萌
特约编辑/李媛媛 申蕾蕾
编辑策划/设计制作/ 紫图图书 ZITO®

北京联合出版公司出版
（北京市西城区德外大街83号楼9层 100088）
北京瑞禾彩色印刷有限公司印刷 新华书店经销
60千字 787毫米×1092毫米 1/32 7印张
2015年4月第1版 2016年8月第6次印刷
ISBN 978-7-5502-2425-4
定价：39.90元